DE

LA POLITIQUE ANGLO-FRANÇAISE

DANS

LA QUESTION D'ORIENT.

DE

LA POLITIQUE ANGLO-FRANÇAISE

DANS

LA QUESTION D'ORIENT,

PAR

UN DIPLOMATE RETIRÉ DU SERVICE.

BRUXELLES,

M. HAYEZ, IMPRIMEUR DE L'ACADÉMIE ROYALE.

FÉVRIER 1854.

AVANT-PROPOS.

Des circonstances particulières qui tiennent à la position personnelle de l'auteur l'ayant obligé de garder l'anonyme, il n'en espère pas moins qu'on lira avec quelque intérêt les pages qui suivent, comme se rapportant à la question la plus importante du jour, à laquelle chaque homme éclairé qui pense et réfléchit doit le tribut de ses méditations.

L'auteur ne se dissimule pas que cet opuscule sera diversement jugé par les hommes de parti, suivant leurs opinions politiques; mais il a, en même temps, le sentiment que tous ceux qui le liront sans prévention y trouveront dans chaque page l'expression d'une sincère et profonde conviction.

DE

LA POLITIQUE ANGLO-FRANÇAISE

DANS

LA QUESTION D'ORIENT.

La politique extérieure des États dépend de beaucoup de circonstances, les unes permanentes ou naturelles, telles que la situation géographique, les intérêts
les plus prépondérants du pays, tant matériels que
ceux de l'ordre moral, l'organisation intérieure politique et sociale, et le caractère national ; et les autres
accidentelles ou temporaires ; telles sont, dans les
États monarchiques absolus : le caractère personnel
et les opinions politiques du souverain ou des hommes
d'État qui dirigent en son nom la politique extérieure, quelquefois aussi les intrigues de cour, ou
celles d'un parti puissant, le changement dans l'ordre
de succession au trône et les intérêts d'une nouvelle

dynastie. Dans les États constitutionnels on peut ranger au nombre des circonstances dont l'effet n'est que temporaire, la composition des assemblées législatives, le caractère et les opinions des partis qui s'y forment, et des hommes les plus marquants qui y exercent un grand ascendant.

L'influence réciproque de ces différentes causes sur la politique extérieure est très-variable dans ses effets.

Tant que l'influence des causes accidentelles ou passagères ne fait qu'effleurer la politique fondée sur des intérêts permanents, sans en détruire la tendance naturelle, cette déviation momentanée d'une politique traditionnelle, bien entendue, n'est qu'un inconvénient passager dont les conséquences sont réparables; mais, lorsqu'un État s'engage par des causes accidentelles ou personnelles dans une politique contraire à ses intérêts permanents les plus importants, lorsqu'il abandonne ses alliés naturels pour des alliances qui n'ont qu'une affinité du moment, il court de grands dangers; car, comme un navigateur sans boussole, il ne saurait prévoir où le courant de cette politique de circonstance peut l'entraîner.

Il s'est présenté de tout temps, dans la vie des États, des époques et des circonstances critiques, où une juste appréciation de tous les mobiles de la politique qu'on avait à suivre était très-difficile, où même les hommes d'État les plus expérimentés se trouvaient exposés à commettre de graves erreurs et à faire fausse route. De tout temps, il a été difficile en politique de concilier tous les intérêts et de suivre imperturbablement un système, quelque bien conçu qu'il fût; mais, de nos jours, le terrain de la politique est devenu encore plus glissant et plus parsemé d'écueils et d'abîmes, car il a été envahi par des passions, et des passions si dangereuses qu'elles minent l'ordre social tout entier.

Depuis plus de 30 ans, nous voyons dans presque tous les pays les passions politiques les plus effrénées et les idées les plus extravagantes aux prises avec la raison et avec la logique des intérêts. De ce conflit et de l'excitation des esprits qui s'en est suivie, il est résulté un chaos, une perturbation complète de toutes les idées d'ordre et de morale, et cette confusion générale qui caractérise notre époque a tellement gagné de terrain, qu'elle exerce une influence, plus ou moins directe, même sur la politique extérieure, et fait naître les complications les plus graves et les plus dangereuses pour l'ordre social de l'Europe.

C'est en partant de ces considérations générales que nous allons essayer de nous rendre compte de la politique actuelle de l'Angleterre et de la France, et des mobiles qui les font agir dans la question d'Orient.

En commençant par la première de ces puissances, examinons d'abord les circonstances inhérentes à sa situation, savoir celles que nous avons rangées parmi les causes permanentes ou naturelles de la politique extérieure que tel ou tel État est appelé à suivre.

Nous devons placer en première ligne la situation géographique de la Grande-Bretagne. Indépendamment de l'ordre d'intérêts matériels qu'elle fait surgir, la position insulaire de ce pays a donné au caractère national un certain cachet d'originalité et d'égoïsme qui se retrouve plus ou moins dans chaque individu, et qui exerce sur la politique extérieure une influence beaucoup plus grande qu'on ne le croit généralement. Abstraction faite des collisions et des rivalités qui peuvent surgir sur telle ou telle question, il y a dans les relations internationales des pays du continent une certaine communauté d'intérêts d'un ordre moral qui n'existe pas au même degré du côté de l'Angleterre.

L'Anglais est élevé et vit dans une sphère d'idées, d'opinions, d'habitudes et de conditions sociales très-différentes de celles du continent; et il envisage et juge ordinairement tout ce qui se passe dans les autres pays au point de vue de son individualité nationale.

Les crises politiques et les convulsions sociales des autres pays intéressent bien peu la politique de l'Angleterre; car elles ne la touchent pas directement, et souvent même elles lui profitent. Elle se mêle bien des affaires du continent, et s'en mêle même souvent beaucoup trop, mais c'est presque toujours uniquement au point de vue de ses intérêts insulaires.

On pourrait nous objecter que la politique de tous les cabinets doit être basée principalement sur les intérêts bien entendus de leurs pays. Oui, sans doute, nous sommes loin de le méconnaître ; mais ces intérêts, suivant leur nature, peuvent être plus ou moins exclusifs, plus ou moins envahissants et hostiles aux autres pays.

La situation géographique de la Grande-Bretagne a tracé la voie dans laquelle le développement de ses intérêts et de ses forces productives s'est successivement engagé, et elle en a fait un pays éminemment mercantile. Le commerce a vivifié et excité le développement de l'industrie, et *vice versá* l'industrie alimente le commerce. A mesure que les relations commerciales de ce pays s'étendaient dans les régions lointaines, il fallait une marine puissante pour les protéger. Aussi la grande puissance de l'Angleterre repose-t-elle principalement sur sa force maritime, sur son commerce, sur ses capitaux, sur l'esprit entreprenant et spéculatif de ses habitants et sur ses forces mécaniques et industrielles. Sans toutes ces circonstances, qui tirent, en grande partie, leur origine de la situation insulaire de l'Angleterre, ce pays enclavé dans le continent n'aurait peut-être occupé qu'un rang secondaire parmi les grandes puissances de l'Europe. Une puissante marine qui parcourt toutes les mers et un commerce très-étendu ont amené la nécessité d'établir dans toutes les régions des entrepôts et des points de relâche et de refuge. Le développement progressif de ces forces commerciales et maritimes a assuré à l'Angleterre sa prépondérance et sa domination sur toutes les mers, et cette domination elle est obligée de la maintenir afin de ne pas reculer, car ce serait le signal de sa décadence. Poussée dans cette voie, la politique de l'Angleterre est devenue, par la force même des circonstances, une politique essentiellement mercantile, égoïste et envahissante, une politique dont l'ambition, comme les mobiles qui la font agir, n'a pas de bornes, et qui place les intérêts de son commerce et de sa puissance maritime au-dessus de tous les autres, et souvent même au mépris de la morale, du droit des gens et des principes généralement observés dans les relations internationales. On en trouve une foule de preuves tant dans l'histoire moderne que dans celle des siècles précédents. L'Angleterre étend sans cesse sa domination dans toutes les mers; elle établit aux Indes un empire de plus de 120 millions d'habitants; elle fonde partout des colonies; elle s'empare, soit par droit de conquête, soit par des négociations et des traités, des îles, des détroits et des ports les plus importants; elle serre l'Europe dans ses griffes en occupant Gibraltar sur le territoire d'une puissance indépendante, en s'emparant de Malte et des Iles Ioniennes; elle est jalouse de toute puissance maritime qui commence à se développer. La flotte danoise

brûlée, Copenhague bombardé en pleine paix avec
le Danemark et la scandaleuse affaire du juif Pacifico sont des faits irrécusables, témoignant de cette
politique envahissante et dominatrice qui se met
au-dessus de toutes les lois, et qui ne rougit pas,
dans une cause aussi injuste que sale, son démêlé
avec la Grèce, d'abuser de sa force matérielle contre un État faible, n'ayant d'autre défense que celle
de la protection des traités et des droits interna-
tionaux.

Pour assurer partout sa suprématie et la prépondérance de ses intérêts commerciaux, elle s'est ar-
rangé un code international à sa façon et à sa convenance. Elle s'est arrogé le droit d'intervention partout
où il y a des démêlés concernant un sujet anglais ou
une propriété qui lui appartient, sans tenir compte
de la législation du pays où il se trouve; et elle
n'accorde ce droit à aucun autre gouvernement.
Lorsqu'un individu anglais est lésé dans sa personne
ou dans sa propriété au milieu des désordres d'une
guerre civile, ou qu'il commet un acte contraire aux
lois du pays qu'il habite, elle n'entend pas que le
sujet anglais soit traité d'après les lois existantes, à
l'égal des nationaux; elle exige des réparations et des
dommages-intérêts et présente des comptes d'apothi-
caire. Elle exerce surtout ce droit vis-à-vis des États
faibles; et lorsque pareille insulte ou pareil dommage
arrive chez elle à un étranger, elle repousse avec

dédain toute réclamation du gouvernement respectif et renvoie le réclamant aux tribunaux du pays, ce qui revient, dans la plupart des cas, à une fin de non recevoir. Bref, elle exige toujours des réparations et n'en accorde presque jamais. (Les insultes exercées, en pleine paix, par la populace de Londres sur la personne du général Haynau, restées impunies et sans aucune réparation, en sont une preuve très-récente.) Elle assujettit tous les étrangers aux lois de son pays sans reconnaître le même droit aux autres gouvernements relativement aux sujets anglais; et ce qui ne laisse pas que d'être assez original, c'est que cette prétention insulaire s'étend même aux relations sociales. Un Anglais n'a presque jamais d'égards pour les usages et les règles de convenance observés dans les pays qu'il habite, mais il est très-choqué du moindre écart, de la part d'un étranger, des étiquettes et des usages reçus en Angleterre. Il s'arroge le droit d'estropier toutes les langues de la manière la plus ridicule, et ne tolère pas qu'on parle la sienne incorrectement.

La politique anglaise ne se contente pas d'étendre son commerce par les voies naturelles et pacifiques, elle l'impose au besoin par la voie des armes et fait à la Chine une guerre sans motif, pour la forcer à recevoir le poison des Indes qui énerve ses populations.

Cette politique ne se montre philanthropique et libérale que là ou le libéralisme et la philanthropie se trouvent d'accord avec ses intérêts mercantiles. Elle se pose en protectrice de l'émancipation des peuples, bien moins par philanthropie que pour étendre, par son influence politique, le cercle de ses relations commerciales dans d'autres pays.

Les hommes d'esprit du parti révolutionnaire le comprennent très-bien, et ils savent exploiter dans l'occasion cette veine sensible du libéralisme anglais. Un des agents les plus adroits de Kossuth s'est beaucoup appliqué, dans le temps, à représenter à certains personnages à Londres, connus par leurs sympathies pour toutes les révolutions, les avantages que pourrait offrir au commerce anglais l'indépendance de la Hongrie. Le libéralisme anglais est comme certaines toiles qui ont beaucoup d'apprêt, mais dans lesquelles il y a toujours un peu de coton.

Cette politique protége, provoque et favorise sous main, sur le continent, toutes les émeutes et toutes les révolutions, tandis qu'elle les réprime sans pitié dans les pays soumis à sa domination; elle crie à la cruauté et à la tyrannie; elle s'indigne des exécutions qui ont eu lieu en Autriche, à la suite d'une révolution et d'une lutte sanglante qui avait mis la monarchie à deux doigts de sa perte, pendant qu'elle fait fustiger et pendre par douzaines, sur la place publique de Corfou, les individus compromis dans une conspiration qui n'avait coûté à l'Angleterre ni un soldat ni une guinée.

Depuis quelque temps, et surtout depuis la révolution de février, la politique anglaise a fourni une
foule de ces contrastes, et des exemples scandaleux de
la conduite de ses agents à l'étranger, qui ont étonné
le monde entier et révolté la conscience de tous les
gens de bien.

C'est une politique qu'on ne peut comprendre
qu'en examinant, jusqu'à leur racine, les mobiles qui
la font agir.

Nous croyons avoir démontré que la politique
anglaise est, par sa nature même, une politique envahissante, car elle a toujours visé à la domination
de toutes les mers et à une extension de son commerce, qui ne connaît pas de bornes. Ces vues de
domination maritime et commerciale sont très-étroi-
tement liées avec les intérêts de son industrie, ou plutôt ces derniers en constituent la base. Un examen
plus approfondi de l'ensemble de tous ses intérêts,
ainsi que des changements survenus depuis quelque
temps dans la politique intérieure et dans l'économie
sociale de ce pays, jettera peut-être quelque lumière
sur la conduite de l'Angleterre pendant toutes les
phases du développement du principe révolutionnaire, et surtout dans les dernières crises qui ont
ébranlé l'ordre social sur le continent.

Avant la grande révolution de France, et jusqu'au
retour de la paix générale, l'industrie anglaise avait,
sauf quelques fabrications spéciales, un ascendant

qu'aucun pays ne pouvait lui disputer. Depuis cette époque, par suite d'une foule de perfectionnements dans la mécanique et dans les procédés de la fabrication, elle a fait d'immenses progrès et pris des proportions colossales. Ainsi, par exemple, l'importation du coton et la production du fer ont plus que décuplé. L'exportation des produits du sol et de l'industrie de la Grande-Bretagne, qui ne s'élevait en 1814, d'après les estimations officielles, qu'à 54 millions de livres sterling, a atteint, en 1853, le chiffre énorme de 196 millions, ou près de 5 milliards de francs, ce qui fait à peu près trois fois le budget actuel de la France. La valeur déclarée de ces mêmes marchandises ne s'élève, à la vérité, qu'à 77,753,000 livres sterling (¹); mais, en ne prenant même que cette dernière valeur, c'est encore une somme de près de deux milliards de francs. Que de bras doivent être occupés pour produire cette masse de valeurs! En admettant qu'un tiers seulement serait représenté par la main-d'œuvre, et en comptant en moyenne 800 francs pour un ouvrier, on aurait le chiffre de 832,000 individus avec leurs familles, dont l'existence dépend de la prospérité des industries qui alimentent cette branche du commerce extérieur, et les principaux foyers de cette industrie sont concentrés dans une partie du

---

(¹) Les estimations officielles adoptées dans la statistique de l'administration des douanes reposent sur les anciens prix des marchandises, dont plusieurs ont subi une baisse considérable.

Royaume-Uni d'Angleterre (l'Écosse n'y joue qu'un rôle secondaire, et l'Irlande ne compte que pour un millième dans la valeur totale du commerce d'exportation). En y ajoutant les bras occupés à la construction des navires et par la marine marchande, pour l'exportation de ces marchandises et pour l'importation des matières premières, on peut admettre qu'au moins un sixième de la population anglaise dépend, dans ses moyens d'existence, des débouchés extérieurs pour les produits du sol et de l'industrie indigène.

Avec une industrie aussi concentrée, qui a pris des proportions aussi colossales, qui a une pareille force expansive et qui augmente tous les ans ses moyens de production, il ne suffit plus de conserver les anciens débouchés; il importe d'ouvrir au commerce de nouveaux marchés extérieurs et de les élargir. Cela devient une question vitale.

En fondant ses immenses et nombreuses colonies, l'Angleterre s'est assuré plus de 270 millions de consommateurs pour les produits de son sol et de son industrie, et pourtant, malgré cet immense débouché et malgré l'activité de son commerce avec tous les autres États transatlantiques indépendants, le continent de l'Europe figure encore pour plus de deux cinquièmes dans son commerce d'exportation.

D'après cela, on conçoit l'importance qu'elle doit attacher à conserver ce débouché et à l'élargir par

tous les moyens en son pouvoir, et elle ne peut envisager d'un œil indifférent la chance de le voir se
rétrécir et perdre de son importance. Or, cette chance
est entrée dans l'ordre des choses non-seulement
possibles mais très-probables.

En même temps que l'industrie anglaise s'est dé-
veloppée dans des proportions colossales, celle du
continent n'est pas restée en arrière. Elle a fait aussi
des progrès extraordinaires, en Allemagne, en Autriche, en France, en Russie, en Suisse et en Belgique, et elle fait à celle de la Grande-Bretagne une
concurrence de plus en plus sérieuse pour les articles
de fabrication les plus importants, non-seulement
sur les marchés indigènes, mais aussi sur les marchés étrangers, et même dans les pays transatlantiques.

Pour constater cette concurrence, il suffit de considérer les progrès de l'industrie cotonnière sur le
continent, une de celles précisément qui sont les plus
importantes pour l'Angleterre, et dont elle eut pendant longtemps presque le privilége exclusif.

Les États de l'association douanière allemande,
où cette industrie était encore pour ainsi dire dans
l'enfance il y a à peu près 30 ans, fabriquent maintenant pour plus de 360 millions de francs de cotonnades, et ils en exportent pour plus de 65 millions de
francs. La France en produit pour une valeur d'environ 600 millions de francs, et elle en exporte pour

65 à 70 millions. L'Autriche en fabrique pour environ 280 millions de francs et suffit à sa consommation. La Russie, où l'industrie cotonnière était, il y a 50 ans, à peu près nulle, a porté en dernier lieu la fabrication des cotonnades à plus de 250 millions de francs.

La France exporte pour plus de 800 millions en articles fabriqués de toutes espèces, et l'Allemagne pour plus de 400 millions.

La dernière exposition universelle à Londres a prouvé que, pour beaucoup d'articles, l'industrie du *Zollverein* ne le cède en rien à celle de l'Angleterre, et que, pour beaucoup d'autres, celle de la France la dépasse; et lorsque le système douanier de ce dernier pays subira une réforme rationnelle que tous les hommes sensés et impartiaux réclament depuis longtemps, surtout en ce qui concerne l'imposition des matières premières, cette réforme donnera un si grand essor à l'industrie française, qu'elle pourra évincer sur les marchés étrangers plusieurs produits de fabrication anglaise, pour lesquels la concurrence ne lui est difficile maintenant que par l'enchérissement des frais de production résultant d'un système d'imposition des produits étrangers qui devient, dans l'état actuel des choses, de plus en plus vicieux.

L'Angleterre a exercé, pendant bien longtemps, un grand ascendant sur l'industrie des autres pays, par la perfection et la puissance de ses constructions mécaniques, dont elle gardait souvent le secret, et par l'abondance des capitaux ; mais cet ascendant s'est beaucoup amoindri par la facilité avec laquelle toutes les nouvelles inventions se communiquent maintenant d'un pays à l'autre, et par les progrès qu'on a faits aussi, sous ce rapport, sur le continent ; et il est en outre compensé, au moins en partie, par le bas prix de la main-d'œuvre dans plusieurs pays où l'industrie est déjà très-développée.

A la concurrence de l'industrie du continent est venue, en dernier lieu, se joindre celle des États-Unis d'Amérique. En 1848, ces États exportaient déjà pour près de 30 millions de francs de tissus de coton, tandis qu'ils n'en importaient que pour environ 15 millions.

Pour soutenir cette concurrence croissante des autres pays et conserver sa suprématie, l'industrie anglaise s'évertue constamment à réduire, par tous les moyens en son pouvoir, les frais de fabrication, afin d'écraser ses rivaux par le bon marché, ce qui ne peut être obtenu, en grande partie, qu'aux dépens du salaire des ouvriers, dont le sort devient de plus en plus précaire, vu la cherté des articles de première nécessité.

Des hommes d'État éclairés prévoyaient depuis longtemps le danger de cette situation forcée, et sentaient la nécessité de donner un nouvel essor à l'industrie anglaise, *d'un côté,* en stimulant l'activité des

branches de fabrication qui étaient trop protégées à
l'intérieur par des droits d'entrée très-élevés, et, *de
l'autre,* en abaissant le prix des subsistances pour
améliorer le sort de la classe ouvrière. Tel fut le but
de la réforme de sir Robert Peel, qui a été continuée
par ses successeurs au pouvoir. C'était le dernier ex-
pédient que l'Angleterre avait en réserve pour maintenir sa suprématie déjà fortement ébranlée sur les
marchés étrangers. Appliqué à propos, il a eu des
résultats très-satisfaisants. La réforme de sir Robert
Peel a porté une grande activité dans toutes les branches d'industrie, et le sort des classes ouvrières a été
en même temps sensiblement amélioré; mais les effets
favorables de cette mesure, en ce qui concerne la
situation de l'industrie anglaise, en face du développement successif des forces industrielles des autres
pays, ne peuvent avoir qu'une durée limitée. Le danger de la situation a été atténué et reculé, mais il n'a
pas été entièrement écarté.

La surexcitation de l'industrie par l'abondance des
capitaux et par l'esprit de spéculation, lorsqu'elle
n'est pas constamment favorisée, dans la même proportion, par l'extension des débouchés, et lorsque, au
contraire, ces débouchés sont menacés par d'autres
concurrents, peut provoquer des crises très-graves.
Nous avons déjà vu plusieurs de ces crises produites
par ce qu'on appelle en Angleterre *over production,*
et nous voyons encore dans ce moment que, malgré

les effets satisfaisants de la réforme de sir Robert
Peel, l'enchérissement momentané des grains a produit un malaise sensible parmi les ouvriers, qui
s'ameutent et se mettent en grève pour obtenir une
augmentation de salaires, que leurs patrons ne peuvent
pas leur accorder; car il leur faut, à tout prix, éco-
nomiser sur les frais de production pour soutenir la
concurrence sur les marchés étrangers.

En prenant en considération toutes ces circonstances, on conçoit très-aisément à quel point l'Angleterre doit être jalouse et inquiète de chaque progrès
important de l'industrie manufacturière sur le continent. Or, ces progrès sont le fruit de plus de trente
années de paix et de prospérité croissante. Par conséquent, chaque événement qui vient troubler cette
prospérité sur le continent et arrêter ou reculer ces
progrès qui font ombrage aux intérêts mercantiles
de l'Angleterre, tourne plus ou moins à l'avantage
de cette puissance, tandis que les conséquences fâ-
cheuses des perturbations sociales ne l'affectent point
dans sa position isolée du continent.

A la suite de la révolution de février, l'importation en France des matières premières, des sub-
stances colorantes, des métaux bruts et d'autres
articles à l'usage de l'industrie, qui suivait constamment un mouvement ascensionnel avec le progrès
des principales fabrications, est tombée rapidement
de 424 millions de francs de valeur (chiffre de 1847)

à 279 millions, c'est-à-dire qu'elle a diminué de 145 millions ou de plus d'un tiers; encore faut-il faire observer que les agitations sociales qui ont précédé la catastrophe de 1848, jointes à une crise commerciale, avaient déjà exercé, en 1847, une influence fâcheuse sur plusieurs branches de fabrication, ce qui a occasionné dans le commerce d'importation une diminution de 58 millions sur la valeur des matières premières et autres articles à l'usage de l'industrie; de sorte qu'en comparant l'année de la révolution (1848) non avec l'année qui l'a immédiatement précédée, mais avec 1846, époque jusqu'à laquelle l'importation de ces articles augmentait dans une forte proportion, on trouve une réduction de 203 millions de francs, ou de plus de deux cinquièmes.

En Autriche et dans les États de l'association douanière allemande les événements de 1848 et 1849 ont eu à peu près les mêmes résultats.

Entre temps, l'importation des principales matières premières, dans le Royaume-Uni, a augmenté, de 1847 à 1849, dans les proportions suivantes : celle du coton de 60 pour 100, celle du lin de 72, celle du chanvre de 31, celle des laines de 23 et celle du suif de 32 pour 100; et l'exportation des produits du sol et de l'industrie de la Grande-Bretagne, qui n'était, en 1847, d'après les estimations officielles, que de 126 millions de livres sterling, s'est élevée, en 1849, à 164 $\frac{1}{2}$ millions, c'est-à-dire qu'elle a augmenté en

2 ans de 862 ¹/₂ millions de francs, ou de près d'un quart.

Peut-on s'étonner, après cela, des sympathies qui se sont manifestées, dans les derniers temps, en Angleterre, pour toutes les émeutes et pour toutes les révolutions sociales sur le continent, lorsqu'on voit que ces révolutions ruinent les autres pays et profitent aux intérêts industriels et mercantiles de la Grande-Bretagne? Mais nous sommes loin de vouloir considérer les intérêts matériels comme la seule et unique cause de ses sympathies et de ses prédilections pour les agitateurs et les conspirateurs de tous les pays. Nous nous sommes borné jusqu'à présent à examiner les intérêts matériels, inhérents à la situation de la Grande-Bretagne, qui influent sur sa politique extérieure. Maintenant nous devons nous rendre compte des causes morales qui tiennent en partie au caractère national, et en partie aux changements survenus dans l'état social et dans la politique intérieure de l'Angleterre, et qui ont aussi une certaine part d'influence dans sa politique extérieure.

Les Anglais ont été jusqu'à présent, à bien juste titre, fiers de leurs institutions et de leur *self-government;* car, malgré toutes ses défectuosités, ce mécanisme un peu artificiel, mais combiné avec une grande profondeur de vues politiques, conciliait la plus grande liberté individuelle avec la stabilité du gouvernement, avec l'ordre social, avec la sécurité de

l'État, avec les formes monarchiques et avec le res-
pect *extérieur* pour le souverain.

Si le mécanisme politique, qui reposait, dans son
principe, et surtout dans son application, sur une
puissante aristocratie nobilière, sur l'influence pré-
pondérante de la grande propriété et sur une Église
de l'État, qui a cimenté l'union du pouvoir spirituel
avec le pouvoir temporel ; si ce mécanisme, disons-
nous, pourra se maintenir et fonctionner avec la même
régularité que par le passé, après que la réforme aura
porté la sape à la base de ces vieilles institutions et
miné les éléments de force et de résistance contre
lesquels se brisaient les vagues des passions populaires
et les débordements de la démocratie, c'est une question que nous nous abstenons d'approfondir ici ; car
cela nous mènerait trop loin, et nous écarterait du
sujet que nous traitons.

Il suffira de constater quelques-uns des faits et
des symptômes patents, qu'on peut considérer comme
une conséquence plus ou moins directe des dernières
réformes dans le domaine de la politique intérieure
de la Grande-Bretagne, et qui exercent une influence
visible sur la politique extérieure de cette puissance.

Fiers de leurs institutions, les Anglais avaient depuis
longtemps contracté l'habitude de regarder en pitié
celles de tous les autres pays, en les jugeant presque
toujours à faux, au point de vue de la situation excep-
tionnelle de leur pays, et sans tenir compte de l'his-

toire, des mœurs et des besoins des autres peuples,
ni des éléments sur lesquels reposait leur organisation sociale. Mais, tant que les pays du continent
demeurèrent dans leur état normal et que les principes de la grande révolution française ne les eurent
pas encore visiblement affectés, cette manière anglaise
d'envisager les affaires du continent resta dans une
attitude passive et n'influa pas sensiblement sur la
politique extérieure de la Grande-Bretagne.

Pendant les guerres de la révolution française et
jusqu'à la chute du pouvoir impérial qui en était
sorti, l'Angleterre, ayant à lutter pour sa propre existence politique, n'avait guère le temps de s'occuper
des institutions des autres pays. Au retour de la paix,
les idées révolutionnaires, comprimées par le bras
puissant de Napoléon et par le bruit des combats, se
réveillèrent. Propagés par la presse et prêchés par les
nombreux apôtres du libéralisme moderne, les principes de la révolution française se développèrent de
plus en plus dans l'esprit des peuples du continent.
Ils pénétrèrent également en Angleterre et commen-
cèrent bientôt à saper ses vieilles institutions. La
première brèche a été ouverte par la réforme du système électoral, et elle ne peut que s'élargir de plus
en plus (¹).

(¹) Un homme d'État éminent a dit avec raison au sujet de cette réforme : « La
» constitution anglaise fonctionnait très-bien tant qu'elle n'était qu'une fiction ;
» elle ne marchera plus dès qu'on voudra en faire une réalité. »

Les symptômes et les effets produits par cette réforme et par les progrès des idées qui l'ont provoquée sont déjà palpables. Dans ce pays essentiellement aristocratique, l'influence de l'aristocratie et de la grande propriété est visiblement affaiblie; l'autorité et la considération de la chambre des lords n'existent plus que pour la forme, et cette illustre assemblée est presque réduite au rôle du sénat conservateur sous l'empereur Napoléon Ier. Tout le pouvoir a passé, de fait, dans la chambre des communes, qui représente encore, il est vrai, une partie considérable de la grande propriété, mais qui est envahie de plus en plus par l'élément démocratique. Les anciens partis Wigh et Tory, qui tenaient le pouvoir en équilibre, ont été complétement désorganisés; le Parlement ne se compose plus que des fractions politiques qui se groupent, se divisent et se transforment, selon les événements du jour et selon les questions qui mettent plus ou moins en jeu les passions populaires. Les hommes les plus éminents ont perdu la conscience de leurs opinions et de leurs principes, et, ne pouvant plus s'appuyer sur un parti parlementaire compacte et fortement organisé, ne sont plus à la hauteur des circonstances ni à même de saisir d'un bras vigoureux les rênes de l'État pour résister au courant des idées dominantes, quelque dangereuses qu'elles puissent être. De là l'impossibilité de constituer un cabinet parfaitement homogène, et les ministères de coalition sont devenus la dernière ressource; ces ministères, qui n'ont qu'une existence éphémère en flottant entre tous les partis et en les cajolant tour à tour, selon les nécessités du moment.

Au milieu de cet état de choses, le parti franchement démocratique devient de plus en plus fort, car lui seul est conséquent et sait ce qu'il veut, et les hommes d'État qui flattent les passions dominantes du jour ont le plus de chances de succès.

Cette transformation du mécanisme gouvernemental en Angleterre s'étant opérée à une époque où le monde entier est engagé dans une lutte à mort entre le principe de la conservation et celui de la destruction de l'ordre social, devait nécessairement influer sur la politique extérieure de la Grande-Bretagne.

Familiarisés de plus en plus avec les idées issues de la révolution française, les hommes d'État les plus influents, obligés de ménager les passions populaires, dans un pays où l'on enseigne tous les jours au peuple, par des milliers d'organes de la presse et par les déclamations furibondes des clubs et des *meetings,* que tous les souverains du continent sont des tyrans et tous les gouvernements des gouvernements oppresseurs, ont été en quelque sorte obligés, bon gré mal gré, de devenir des alliés tantôt secrets tantôt patents de toutes les révolutions.

De là cette attitude, si hostile depuis quelque temps, vis-à-vis de tous les gouvernements, hormis

ceux de l'appui desquels l'Angleterre peut avoir
besoin dans sa politique extérieure, selon les circonstances du moment.

A côté de cela, la politique anglaise, en se faisant
l'apôtre des gouvernements représentatifs et en patro-
nant toutes les révolutions, croit acquérir ainsi sur
le continent un ascendant et une influence favorables
aux intérêts de son commerce et de son industrie,
qu'elle ne perd jamais de vue ; et nous avons eu lieu
de nous convaincre que les révolutions lui profitent.

Nous ne voulons pas en déduire que l'Angleterre
ait absolument en vue de ruiner tout le continent
et de le réduire à la misère, car on ne gagne pas
beaucoup à trafiquer avec les pauvres ; ce que nous
avons voulu démontrer par des faits incontestables,
c'est qu'il est dans l'intérêt de l'Angleterre de favo-
riser tout ce qui peut ruiner l'industrie manufacturière du continent, ou du moins en paralyser les
progrès, car cela lui facilite la concurrence tant en
Europe que sur les marchés transatlantiques. Nous
avons d'ailleurs sous les yeux l'exemple du Portugal, qui est réduit en quelque sorte à l'état d'une
colonie anglaise, et qui se trouve dans un désordre
permanent, grâce à la charte patronée par l'Angleterre. Les finances en banqueroute, l'industrie dans
l'enfance, l'armée démoralisée et le pouvoir livré
à la discrétion du premier chef militaire assez hardi
et entreprenant pour s'en emparer : tel est l'état

normal de ce malheureux pays, et pourtant son commerce avec l'Angleterre est très-profitable pour elle;
ce qui prouve qu'un pays, productif par lui-même,
quoique politiquement et financièrement ruiné, est
toujours encore une bonne pratique pour une nation
mercantile et industrieuse, lorsqu'elle peut l'exploiter
à son gré. Il ne serait certes pas désavantageux pour
la Grande-Bretagne de pouvoir rendre ainsi tribu-
taire de son industrie une bonne partie du continent
et d'y établir sa prépondérance commerciale et politique, de pouvoir, par exemple, coloniser toute la
péninsule italique à l'instar du Portugal, en y intro-
duisant de petites chartes constitutionnelles, accom-
pagnées de gros ballots de marchandises.

Ainsi, les intérêts traditionnels de la politique
anglaise envahissante, mercantile et égoïste, et les
influences morales des changements survenus dans
sa politique intérieure, se donnent la main pour la
rendre doublement hostile et dangereuse au continent.

Ce n'est que par cette combinaison des intérêts
mercantiles avec les idées révolutionnaires, qu'on
peut s'expliquer cette politique agressive, qui s'est
placée au-dessus de tous les principes du droit des
gens et de toutes les considérations d'équité et de
convenance, dont l'Angleterre nous a fourni, dans
les derniers temps, l'affligeant spectacle; cette politique, qui s'est constituée l'alliée des révolutionnaires

de tous les pays, couvrant de son pavillon tous les
flibustiers politiques et protégeant des conspirateurs
sanguinaires souillés de tous les crimes; soufflant
partout le désordre et la guerre civile, travaillant
avec persistance à la ruine d'un État (l'Autriche) avec
lequel elle entretient des relations amicales en apparence, d'un État qui fut pendant longtemps son allié
le plus fidèle, et contre lequel elle n'a pas l'ombre
d'un grief à faire valoir; cette politique, enfin, qui a
fait de ce pays non un lieu d'asile respectable pour
les victimes des guerres civiles, mais un foyer révolutionnaire où s'aiguisent les poignards de tous les bri-
gands politiques, où l'on conspire au grand jour
contre le repos de tous les États du continent.

Il viendra un jour, nous en sommes bien persuadé,
où l'Angleterre subira le juste châtiment de cette
politique odieuse et sans exemple, où elle recueillera,
chez elle, les amers fruits de ces principes révolutionnaires dont elle a patroné le développement chez les
autres, et ce jour n'est peut-être pas aussi éloigné
qu'on le croit; mais avant qu'il arrive, elle pourra
encore déverser bien des maux sur le continent.

Les célèbres paroles, échappées dans la chaleur de
l'improvisation, au sujet des affaires d'Espagne à un
des hommes les plus éminents de l'Angleterre, qui,
pour intimider les puissances continentales, a représenté son pays comme un antre d'Éole dont on pouvait déchaîner des tempêtes sur toute l'Europe; ces

paroles, disons-nous, n'étaient que les avant-coureurs de cette politique hostile et agressive qui germait déjà alors dans la tête des hommes de l'école libérale moderne en Angleterre; politique qui n'a fait que mûrir et se développer dans toute sa nudité sous le ministère d'un homme auquel l'Europe a décerné, à si juste titre, l'épithète de boute-feu (lord *Feurbrand*), et qui nous a ménagé l'aimable surprise de la scandaleuse farce du juif Pacifico; et c'est pourtant encore le ministre le plus populaire de la Grande-Bretagne! Cela nous prouve à l'évidence de quels sentiments est animé l'esprit public en Angleterre envers le continent; cela nous prouve qu'en flattant son orgueil national et ses idées de domination, on peut tout se permettre contre les autres pays: devenir spoliateur du faible, fouler aux pieds tous les principes de morale, de justice et d'équité, et se narguer avec effronterie à la face de l'Europe de tout ce qu'il y a de respectable dans les relations internationales des peuples civilisés.

Après avoir examiné la politique anglaise vis-à-vis du continent en général, essayons de nous rendre compte de cette politique dans la question d'Orient.

Cette malheureuse question, qui a bien l'air d'un malade traité par plusieurs médecins qui ne s'entendent pas entre eux, a été tellement embrouillée et compliquée, qu'on a de la peine à s'y reconnaître. Toutes les péripéties par lesquelles elle a passé depuis le printemps de l'année dernière présentent tant de contradictions qui déroutent tous les calculs de la logique et du bon sens, qu'il serait trop présomptueux de hasarder un jugement quelconque sur la solution plus ou moins probable à laquelle elle peut aboutir.

Nous devons donc nous contenter de signaler, en ce qui concerne l'Angleterre, les mobiles de cette politique de circonstance, qui prend tantôt une attitude pacifique et calme, lorsqu'il s'agit de se procurer des alliés, et tantôt celle d'un dragon en fureur, lorsqu'il s'agit d'intimider son adversaire.

Cette politique, qui étonne et choque le bon sens et la raison, ne peut s'expliquer que par la complication des intérêts matériels avec les passions et les rivalités politiques qui sont en jeu et se débattent entre eux sous l'influence tantôt patente, tantôt occulte de la démocratie.

Commençons d'abord par les intérêts matériels engagés dans cette question.

Autant les révolutions et les troubles intérieurs sur le continent sont favorables, comme nous croyons l'avoir démontré, aux intérêts industriels et mercantiles de la Grande-Bretagne, en paralysant les progrès des autres pays, autant une franche guerre de l'Angleterre avec une des grandes puissances de l'Europe, et nommément avec la Russie, leur serait contraire

Le commerce de l'Angleterre avec la Russie a été

de tout temps très-important pour les deux empires. Par suite du système prohibitif et des progrès de l'industrie en Russie, ce commerce a, depuis une vingtaine d'années, changé dans ses éléments, en ce qui concerne l'importation des marchandises anglaises en Russie, sans toutefois perdre de son importance.

Auparavant, le fil de coton seul figurait pour près de la moitié dans le total des importations anglaises, et les articles fabriqués pour environ 12 pour 100. Maintenant ce sont le coton brut, les matières tinctoriales, les machines et d'autres articles à l'usage de l'industrie qui jouent le rôle principal.

Cependant ce commerce est assez important en lui-même. La valeur totale de l'importation des marchandises anglaises et coloniales en Russie s'élève maintenant à plus de 102 millions de francs (sans compter les importations qui arrivent par l'intermédiaire des villes hanséatiques), tandis qu'il y a 20 ans, elle ne s'élevait en moyenne qu'à environ 75 millions. Mais c'est surtout l'importation des produits russes en Angleterre qui est très-importante pour ce pays, car elle ne se compose que de matières premières qui alimentent son industrie, et de pain pour nourrir ses ouvriers.

Il est certain que l'Angleterre n'est plus aujourd'hui aussi dépendante de la Russie, tant pour ses approvisionnements de grains que pour les matières premières, qu'elle l'était autrefois, car depuis 15 à 20

ans d'autres concurrents ont surgi, qui disputent le
marché aux produits russes; cependant, pour plusieurs articles des plus importants, les importations
de la Russie jouent encore le rôle principal. En cas
de disette, ce sont toujours les ports russes de la
Baltique et de la mer Noire qui fournissent les plus
fortes quantités des grains arrivant de l'Europe sur
les marchés de la Grande-Bretagne. Sur 2,201,000
quarters de froment, importés de tous les ports de
l'Europe, y compris ceux des possessions turques en
Asie, pendant l'année 1847, qui était une des plus
calamiteuses sous le rapport de la récolte, la Russie
seule en a fourni plus de 850,000, ou près des deux
cinquièmes.

Dans le total des importations du lin et du chanvre
en Angleterre, la Russie figure encore pour près de
sept dixièmes, et dans l'importation totale du suif
pour près des trois quarts (¹).

Ce qui est la meilleure preuve que, malgré la concurrence croissante que font depuis 15 à 20 ans aux
produits russes les articles similaires des autres pays
de l'Europe, ainsi que des États-Unis d'Amérique et
des colonies anglaises, le commerce de l'Angleterre
avec la Russie est loin d'avoir perdu de son importance, c'est que les exportations directes des produits

---

(¹) Pendant les trois années 1847, 1848 et 1849, il a été importé pour la consommation intérieure 4,065,000 quintaux de suif, dont 2,968,000, ou 73 p. %, de
la Russie.

russes pour la Grande-Bretagne, qui ne donnèrent, pendant la période de 5 années de 1827-1831, année moyenne, qu'une valeur de 113,700,000 francs, se sont élevées, en moyenne, pendant la période de 1847-1851, à 166 millions de francs, ce qui fait un accroissement de valeur de plus de 46 p. %.

Ces courtes indications statistiques démontrent suffisamment que ce commerce est important, qu'il est avantageux aux deux pays et qu'il milite en faveur de la paix ; mais cela ressort encore davantage lorsqu'on considère les conséquences immédiates d'une guerre maritime pour l'Angleterre et pour la Russie, au point de vue de leurs intérêts matériels.

Il est certain que l'Angleterre, en déployant une grande force maritime, peut faire du mal à la Russie en bloquant ses ports et en paralysant son commerce extérieur. C'est un grand mal, sans doute, qui mettrait beaucoup d'intérêts en souffrance, mais sous le poids duquel un grand pays qui a d'immenses ressources intérieures ne succombe pas. Ce sont de rudes coups de sabre qui font saigner, mais dont on ne meurt pas et auxquels un empire de 66 millions d'habitants pourrait bien se résigner lorsqu'il s'agirait pour lui d'une guerre nationale et religieuse, dans laquelle ses intérêts politiques les plus importants, comme puissance de premier ordre, seraient engagés. L'incendie de Moscou, cette capitale où se trouve le centre de la richesse et des forces productives de

l'empire, et qui s'est relevée de ses cendres, au bout
de quelques années, plus splendide et plus riche que
jamais, prouve ce que la Russie peut supporter de
sacrifices dans une question vitale, et lorsque son
honneur national est mis en péril.

Il y a d'abord à faire observer que, pour bloquer
d'une manière efficace tous les ports de la Russie, il
faudrait ou détruire les deux flottes de la Baltique et
de la mer Noire, ou les réduire à une complète inac-
tion, en les retenant mouillées dans les ports de
Cronstadt et de Sébastopol. Le premier de ces cas est
inadmissible, d'après l'opinion de tous les gens du
métier, en ce qui concerne la flotte réunie à Cronstadt, et à peine possible pour ce qui concerne celle
de Sébastopol. Pour la seconde alternative, il faudrait
faire stationner devant chacun de ces ports des flottes
supérieures en forces à celles que l'on voudrait empêcher d'agir, et avoir en même temps de nombreuses croisières pour bloquer tous les autres ports.
Mais admettons, ce qui n'est guère probable, que le
blocus des ports de la Baltique et de la mer Noire
soit tellement hermétique, que la Russie ne pût
rien importer ni rien exporter par mer; quelles en
seraient les conséquences pour les deux parties belligérantes? Les provinces méridionales de la Russie
souffriraient beaucoup de ne pouvoir pas exporter
leurs grains. C'est un mal auquel ces provinces sont
exposées chaque fois qu'il y a une mauvaise récolte

dans le pays, ou que, par suite des récoltes abon-
dantes ailleurs, ces provinces manquent de débouchés; un mal qui gêne et qui fait souffrir, mais auquel
on peut se résigner, lorsqu'il s'agit d'une grande cause
nationale. Il en est de même pour plusieurs autres provinces de la Russie, en ce qui concerne l'exportation
du chanvre, du lin et du suif. Mais en faisant ce mal
à la Russie, l'Angleterre n'en ressentirait-elle pas le
contre-coup, en privant ses ateliers des matières premières et en enchérissant le pain de ses ouvriers?

Sur la valeur de 166 millions de francs de produits
russes exportés pour la Grande-Bretagne, 120 millions environ se composent de matières premières
que l'industrie anglaise met en œuvre, et l'on peut
admettre que la main-d'œuvre y ajoute au moins le
quadruple de la valeur de la matière brute. Ce serait
donc, d'après le calcul le plus modéré, une valeur de
près de 500 millions retirée au travail national.

On a pu voir, par les données statistiques qui pré-
cèdent, que la Russie occupe une place si importante
pour la livraison de ces matières premières à l'industrie anglaise, qu'il ne serait pas facile de remplir cette
lacune par des importations d'autres provenances, et
quand même on la remplirait en partie par d'autres
voies de commerce, l'enchérissement de plusieurs
matières premières des plus importantes en serait,
en tous cas, une des conséquences inévitables, au
grand détriment de l'industrie nationale.

Quant au commerce maritime d'importation en Russie, il se compose principalement de denrées coloniales, de vins, de coton, de matières tinctoriales et de quelques autres articles nécessaires à l'industrie manufacturière.

Si les croisières anglo-françaises empêchaient la Russie de recevoir ces articles par mer, ce serait, sans contredit, une très-grande gêne, mais cette gêne rentre encore dans la catégorie des sacrifices qu'on peut supporter lorsqu'il s'agit de soutenir une guerre nationale. Les vins étrangers, on peut à la rigueur s'en passer; on les remplacerait, tant bien que mal, par les vins indigènes, et d'ailleurs, on n'en manquerait pas en les payant plus cher, et l'on en boirait un peu moins; le sucre, on le fabrique dans le pays, et les autres denrées coloniales, on les aurait par la voie de terre, en les payant aussi un peu plus cher.

Les sacrifices les plus sensibles seraient ceux qui proviendraient de l'interruption des arrivages maritimes du coton, des matières tinctoriales et d'autres agents de la fabrication. L'industrie russe en souffrirait bien certainement; mais la stagnation partielle qui s'ensuivrait ne serait jamais aussi grave dans ses conséquences en Russie qu'elle pourrait l'être dans d'autres pays, comme, par exemple, en Angleterre, où des millions de prolétaires risquent de mourir de faim s'ils restent 15 jours sans travail. Les ouvriers employés, en Russie, dans les manufactures sont en même temps cultivateurs. Ils ont toujours, en cas de besoin, un abri sous le toit de leurs familles et un morceau de pain pour vivre. Une partie des bras et des capitaux engagés dans l'industrie cotonnière se tourneraient vers d'autres fabrications qui travaillent sur les matières premières que le pays produit en abondance, et la gêne passagère, accompagnée de quelques souffrances des classes ouvrières, aurait peut-être l'avantage de donner à l'industrie russe une direction plus naturelle. Il y a d'ailleurs à faire observer que le coton et les matières tinctoriales, qui sont maintenant importés par mer, seraient en grande partie remplacés par les arrivages par voie de terre, ce qui rendrait, il est vrai, ces articles un peu plus chers ; mais une différence de prix de 10, 15, voire même 20 pour 100 sur la matière première ou sur les agents de la fabrication, ne serait pas encore ruineuse pour une industrie qui ne travaille que pour la consommation indigène. Quoi qu'il en soit, il n'en est pas moins certain que la gêne imposée au commerce maritime d'importation porterait des coups sensibles aux intérêts matériels de la Russie ; mais ici encore, comme pour le commerce d'exportation, c'est une épée à deux tranchants qui blesserait en même temps les intérêts anglais, car c'est précisément le commerce anglais qui fournit à la Russie la majeure partie des articles nécessaires à son industrie, les trois quarts du coton brut et la presque totalité du coton filé, les machines, les outils et la moitié environ des matières tinctoriales et d'autres articles de ce genre.

Ainsi l'interruption de ces rapports naturels et avantageux aux deux pays imposerait en même temps des sacrifices sensibles à l'industrie et au commerce anglais. Ainsi l'Angleterre ne peut faire, par ce moyen, de mal à la Russie sans s'en faire à elle-même, et il reste encore à savoir de quel côté le mal serait le plus grand.

En considérant l'état de surexcitation où se trouve l'industrie anglaise, comme nous l'avons déjà exposé, ainsi que cette lutte de concurrence qui réduit le salaire des ouvriers au strict nécessaire pour vivre, et qui amène des grèves et des émeutes au moindre changement dans le prix des subsistances; en prenant, disons-nous, en considération cette situation forcée dans laquelle l'Angleterre se trouve depuis quelque temps, on a quelque raison de croire qu'une perturbation subite des rapports commerciaux avec la Russie, qui priverait l'industrie anglaise d'une partie considérable de ses approvisionnements en matières premières et en hausserait le prix en même temps que celui du pain, serait pour l'Angleterre un mal d'un caractère plus dangereux que celui qu'elle essayerait de faire à la Russie. Sous ce rapport, la situation de l'Angleterre est d'autant plus grave, que, grâces aux machinations des chartistes et du parti radical, renforcés par les socialistes les plus acharnés, par

les agents les plus dangereux du parti révolutionnaire et par le rebut des conspirateurs de tous les
pays qu'on y a recueillis, les principes du socialisme
et du droit au travail ont déjà commencé à y gagner
du terrain parmi les classes ouvrières.

D'où vient donc cet acharnement à faire du mal à
son adversaire, au risque de s'en faire à soi-même?
Pourquoi cette persistance à provoquer la guerre par
des démonstrations de plus en plus hostiles, tout en
prêchant la paix?

Tâchons de nous l'expliquer. Est-ce effectivement
la crainte pour l'équilibre européen, pour l'indépendance et l'intégrité de l'empire ottoman, qui est le
vrai mobile de la politique anglaise? Le croire serait,
à notre avis, une vraie niaiserie politique; d'abord,
parce que l'Angleterre se soucie médiocrement de
l'équilibre européen sur le continent, tant que les
intérêts de sa domination maritime et commerciale
ne sont point en jeu; ensuite, parce que, après toutes
les explications diplomatiques, après les déclarations
les plus solennelles faites par la Russie, en face de
l'Europe entière, qu'elle ne veut ni faire des conquêtes ni empiéter sur l'indépendance de la Turquie,
après que cette puissance a prouvé, par des faits irrécusables, la sincérité de ses déclarations, en ne prenant aucune mesure pour une guerre agressive, et en
se bornant à des préparatifs militaires à peine suf-
fisants pour une position défensive (les premières

agressions de la part des Turcs, tant en Asie que sur le Danube l'ont bien prouvé); il est impossible d'admettre que la crainte du cabinet anglais pour l'intégrité de l'empire ottoman soit sincère. Non, c'est une crainte simulée pour masquer son jeu, pour justifier ses armements et ses démonstrations hostiles, une manœuvre pour entraîner les autres cabinets dans les filets de sa politique.

Lorsqu'on poursuit ses propres idées de domination et de conquête dans toutes les parties du monde, comme le fait l'Angleterre depuis des siècles, il est si commode d'imputer ces idées à d'autres, et de montrer à l'Europe un autre épouvantail pour détourner l'attention des plans qu'on poursuit soi-même. C'est la Russie qu'on a choisie pour point de mire, et cette manœuvre a été admirablement secondée par les révolutionnaires de tous les pays.

En ce qui concerne la question de l'intégrité de la Turquie, il y a une puissance qui y est certes bien plus directement intéressée que l'Angleterre, c'est l'Autriche, et c'est si évident qu'il serait superflu de chercher à le prouver. Or, pourquoi l'Autriche reste-t-elle tranquille et licencie-t-elle une partie de son armée, en se bornant à une intervention conciliante et pacifique pour mettre fin à une lutte qui s'est engagée si près de ses frontières? Parce qu'elle sait que la Russie n'en veut pas à cette intégrité, et le cabinet anglais le sait tout aussi bien qu'elle.

Or, en écartant le mobile de la crainte pour l'indépendance et l'intégrité de la Turquie, comme une
ruse de guerre qui ne peut tromper que des niais, il
faut qu'il y ait d'autres causes aux manifestations actuelles de la politique anglaise.

La toute première de ces causes et la plus importante, c'est la rivalité d'influence en Orient. Sous ce
rapport, l'ambition britannique ne connaît pas de
bornes, car elle est entraînée par la force expansive
de ses intérêts mercantiles, qui veulent établir partout leur domination et élargir leurs débouchés. Il ne
lui suffit pas d'avoir fondé en Asie un empire anglo-
indien de 120 millions d'habitants, et de s'être rendu
tributaires plusieurs États qui comptent ensemble
150 millions d'habitants; il lui faut serrer toute l'Asie
dans ses étreintes, y faire écouler les marchandises
anglaises par tous les côtés à la fois et dicter la loi
à Constantinople. Cette ambition est aussi inquiète
qu'insatiable, et le moindre progrès dans les relations
commerciales en Orient de la seule puissance qui
confine avec l'Asie, lui fait ombrage et donne des in-
somnies à John Bull; et pourtant ces progrès ne lui
ont fait, jusqu'à présent, aucun tort. L'Angleterre
exporte maintenant pour les possessions turques en
Europe et en Asie pour environ 80 millions de francs
en produits de son industrie, ce qui fait à peu près
cinq fois la valeur de tous les produits fabriqués que
la Russie exporte pour la Turquie et pour toutes les

contrées de l'Asie ensemble (environ 16 millions de francs), et cette branche du commerce de la Grande-Bretagne a presque quadruplé depuis 1830, tandis que l'exportation des produits de l'industrie russe pour toute l'Asie et pour la Turquie d'Europe, n'a augmenté dans le même intervalle que de 50 à 60 p. %. Mais, vu la situation forcée où se trouve l'Angleterre par suite du développement prodigieux de son industrie, qui a constamment besoin d'élargir ses débouchés, l'esprit mercantile de cette puissance est devenu très-ombrageux; toute rivalité sur les marchés extérieurs, plus encore que celle sur les marchés indigènes, lui inspire des inquiétudes, et à mesure qu'il commence à perdre du terrain sur le continent de l'Europe, ses vues se tournent principalement vers l'Orient. A cela est venue se joindre l'appréhension que les progrès de la Russie en Orient pourraient devenir menaçants pour la sécurité des établissements anglais aux Indes.

En examinant de sang-froid le fond de ce sujet d'inquiétude, il est aisé de se convaincre qu'il repose plutôt sur des chimères que sur des réalités.

Il est certain que la domination des Anglais aux Indes est en dehors de toutes les existences politiques normales, et qu'elle repose sur une base très-fragile. Tous ses peuples tributaires d'une compagnie de marchands et exploités par elle s'émanciperont probablement un jour. Vu leur caractère et leur degré de culture, cette émancipation n'arrivera peut-être pas aussi rapidement que celle des colonies anglaises de l'Amérique du Nord; cependant elle doit arriver un jour, car elle est dans la nature même des choses. Mais il ne s'ensuit nullement que la Russie ait l'intention sérieuse de la provoquer ou de l'accélérer, car elle a mieux à faire que de s'engager dans cette politique lointaine et aventureuse; et quel est l'intérêt puissant qui pourrait l'y entraîner? Est-ce que son commerce et son industrie sont aussi expansifs que ceux de l'Angleterre, pour l'obliger à en étendre aussi loin l'influence et la domination?

Pour juger sainement de la politique d'un État, il faut prendre avant tout en considération les intérêts les plus importants qui doivent prévaloir dans cette politique, indépendamment des circonstances passagères qui peuvent la modifier ou la faire dévier momentanément de sa tendance naturelle. Un État qui, par sa situation géographique, ou par celle que les événements lui ont assignée, se trouve restreint dans des limites trop étroites pour le développement naturel de ses forces vitales et pour la sécurité de son indépendance politique, doit nécessairement être porté à l'agrandissement de son territoire et du domaine de son influence, et suivre, par conséquent, la tendance d'une politique envahissante; mais du moment où le but de cette tendance naturelle est atteint, que le pays est placé dans les conditions naturelles de son existence et que ses intérêts les plus importants ont obtenu la garantie nécessaire, la politique de conservation devient tout aussi naturelle qu'était auparavant celle de l'agrandissement, et ce principe modérateur de la politique des grandes puissances du continent acquiert, dans les temps où nous vivons, une nouvelle force, que lui prêtent les circonstances qui tiennent à l'état social de l'Europe.

Les temps d'une politique envahissante, mue uniquement par l'ambition et le désir de s'agrandir, comme celle dont nous avons eu le spectacle sous Napoléon Ier, dont l'ambition ne connaissait pas de bornes, qui voulait établir sa domination sur toute l'Europe en créant des trônes pour toute sa famille et en visant, pour ainsi dire, à une monarchie universelle; ces temps sont heureusement passés, et l'on peut espérer, pour le bien de l'humanité, qu'ils ne reviendront plus. Il ne s'agit pas aujourd'hui de conquérir, mais de conserver, et la Russie, plus que tout autre pays, se trouve dans ces conditions d'existence. Qu'elle cherche à maintenir son influence en Orient pour la sécurité de ses frontières et pour sauvegarder les intérêts de son commerce dans la mer Noire, c'est une chose très-naturelle, et personne ne peut lui en vouloir, car c'est une condition vitale pour elle. Il n'y a que l'égoïsme mercantile anglais qui puisse lui en faire un crime; mais une politique qui poursuit ce but n'implique nullement celle d'un agran-

dissement de territoire. La Russie a d'immenses conquêtes à faire chez elle pour développer les éléments
de sa richesse et de sa puissance, des conquêtes qui
valent cent fois plus qu'une acquisition de nouvelles
provinces. Cet empire est déjà si vaste que son éten-
due devient le côté faible de sa puissance, et l'agrandissement de son territoire serait plutôt une cause
d'affaiblissement qu'une nouvelle garantie de force.
C'est si vrai, si positif, que tout homme de bon sens,
qu'il soit patriote russe ou étranger, est obligé d'en
convenir; et par la force même de cette vérité, la
Russie est au moins tout aussi intéressée que qui
que ce soit au maintien de l'empire ottoman, tant
qu'il a encore assez de forces vitales pour exister, et
qu'il ne prend pas vis-à-vis d'elle une attitude hostile et menaçante pour ses intérêts les plus importants. Mais revenons, après cette courte digression,
au sujet des appréhensions de la Grande-Bretagne,
en ce qui concerne ses possessions aux Indes.

Il faut avoir une imagination bien vive pour croire
que la Russie, au lieu de poursuivre pacifiquement
à l'intérieur le développement des forces vitales
qu'elle possède, soit très-disposée à prodiguer ses
trésors et le sang de ses soldats pour une expédition
aux Indes.

Il suffit de jeter les yeux sur la carte et d'avoir
quelques notions ethnographiques sur les pays qui se
trouvent entre les Indes et la mer Caspienne, sur les

4

mœurs et le caractère des populations qui les habi-
tent, sur leur astuce et leur perfidie, et sur l'exiguïté
des ressources que ces contrées peuvent offrir pour
l'approvisionnement et le transport d'une nombreuse
armée (car ce n'est pas avec 15 ou 20,000 hommes,
dont la moitié à peine arriveraient à leur destination,
qu'on pourrait tenter une entreprise de ce genre),
pour se convaincre de tout ce qu'il y aurait de ha-
sardeux et de périlleux dans une pareille expédition.
Et pourquoi la Russie tenterait-elle de pareilles
aventures? Pour les intérêts de son commerce, pour
supplanter aux Indes celui de la Grande-Bretagne?
Et, qu'est-ce qu'un commerce par voie de terre, à tra-
vers des déserts, à de pareilles distances et avec des
peuples à demi-barbares? Mais l'idée des prétendus
projets de la Russie sur les Indes est devenue pour
les Anglais une idée fixe, une marotte, et contre les
marottes il n'y a pas de raisonnement possible. Les
rivalités et les jalousies politiques sont quelquefois
comme la jalousie en amour, qui est toujours soup-
çonneuse et voit partout des fantômes. De là cette
lutte acharnée contre l'influence de la Russie à Constantinople et en Orient en général, qui domine depuis quelque temps la politique anglaise. Elle use de
tous les moyens pour annuler cette influence à Constantinople et lui substituer la sienne, afin d'y régner
en souveraine maîtresse. C'est le but qu'elle poursuit
et le vrai mobile qui la fait agir dans la question

d'Orient, et non la prétendue sollicitude qu'elle affiche pour l'intégrité de l'empire ottoman, que personne ne songe sérieusement à attaquer. Le différend turco-russe et l'alliance contre nature avec la France, dont des circonstances fortuites lui ont momentanément procuré l'appui, lui ont paru offrir une occasion favorable pour arriver à ce but. Mais comme, d'un autre côté, la guerre avec la Russie menacerait et affecterait les intérêts actuels très-positifs et très-importants de son commerce et de son industrie, on a imaginé un système d'intimidation qui a été poursuivi jusqu'à présent; croyant pouvoir ainsi, sans coup férir, atteindre le but principal, celui d'humilier la Russie, d'annuler son influence en Orient et de faire prévaloir celle de l'Angleterre; et comme cette intimidation restait sans effet, on s'est laissé entraîner à des démonstrations de plus en plus hostiles, au point que, maintenant, l'amour propre blessé est venu se joindre à tant d'autres complications. La Russie, se tenant comme elle l'avait promis dans une attitude défensive, a relevé le gant, lorsqu'il lui a été jeté à la face, et la guerre, une fois déclarée par la Turquie et simultanément commencée par une attaque sur le Danube et par l'invasion du territoire russe en Asie, a été poursuivie de part et d'autre avec les moyens qu'on avait à sa disposition.

Après les prétendus triomphes des Osmanlis, dont les organes de la presse turcophile anglaise et fran-

çaise ont édifié pendant quelque temps le public
européen, la retraite d'Omer-Pacha sur la rive droite
du Danube, la défaite des deux armées turques en
Asie et la catastrophe de Sinope sont venus dessiller
les yeux de l'Europe, abusée sur les forces militaires
de la Turquie.

C'était aux yeux de tous les hommes sensés et
amis de la paix, sans arrière-pensée, des événements
propices pour une solution pacifique; mais en même
temps le triomphe des armées russes sur terre et sur
mer, en dépit des mesures d'intimidation poursuivies
par les deux puissances maritimes, et surtout la destruction de l'escadre turque dans le port de Sinope,
peu éloignée du mouillage de la flotte anglo-française, porta à son comble l'irritation de l'orgueil
britannique; et comme un homme emporté par la
colère est toujours plus ou moins exposé à dire et à
faire des sottises, il en est de même de l'opinion publique qui se laisse guider par les passions. Aussi
avons-nous vu les organes de la presse anglaise, officiels et non officiels, de toutes les couleurs, débiter,
à propos de cette catastrophe de Sinope, des phrases
d'indignation et d'injures souverainement ridicules,
et soutenir des thèses du droit des gens qui dépassent
en absurdité tout ce qu'on aurait pu s'imaginer.

Qu'on se figure un combat singulier entre deux individus, livré devant des témoins qui s'érigeraient en
arbitres et qui ne permettraient à celui des combat-

tants, qui serait l'attaqué, que de parer les coups de son adversaire sans oser les lui rendre. C'est bien absurde sans contredit, et c'est pourtant l'attitude défensive qu'on paraît avoir eu en Angleterre la prétention d'imposer à la Russie, puisqu'on s'étonne et s'indigne de ce que cette puissance, se trouvant en pleine guerre avec la Turquie et attaquée par elle, tant en Europe qu'en Asie, ait osé se permettre de brûler l'escadre ennemie qui était destinée, de l'aveu même de toute la presse anglaise, à porter des munitions de guerre aux montagnards du Caucase. On jette feu et flammes contre la Russie; les organes les plus sérieux de la presse caractérisent ce fait d'armes comme un acte de barbarie et de piraterie contraire au droit des gens; et, ce qui est bien plus sérieux, c'est que les cabinets de Londres et de Paris croient y trouver un motif légal et suffisant pour une nouvelle démonstration hostile. Mais ce qui est encore plus extraordinaire, c'est que cette même puissance qui a dans le temps détruit la flotte danoise et bombardé Copenhague, bien qu'en pleine paix avec le Danemark, ose aujourd'hui montrer au monde son indignation de ce que la Russie s'est permis de brûler l'escadre d'un ennemi avec lequel elle se trouve en pleine guerre!

Lorsque l'aveuglement des passions et de l'amour-propre blessé prend un tel ascendant sur la raison, lorsque les plus simples notions de bon sens et de justice et les principes les plus positifs du droit des gens sont méconnus et confondus à ce point, peut-il y avoir quelques chances pour une négociation de bonne foi et pour une solution pacifique?

Au milieu de cette irritation des esprits, les révolutionnaires et les conspirateurs de tous les pays, que l'Angleterre a recueillis par milliers et dont elle protége les sourdes menées, soufflent partout la haine contre la Russie; car c'est le plus sûr moyen de faire triompher leur cause, et ils n'ont pas peu contribué à la confusion générale.

En considérant cette lutte des intérêts réels et positifs qui portent au maintien de la paix, avec les passions politiques et les éléments démocratiques qui poussent à la guerre, nous cherchons à nous rassurer par des raisons d'État et par la sagesse gouvernementale, qu'on doit toujours supposer aux hommes qui se trouvent au timon des affaires d'une grande puissance comme l'Angleterre; mais lorsque nous nous retraçons tout ce que nous avons dit plus haut sur la situation des partis qui se disputent le pouvoir et sur la position actuelle des hommes d'État de l'Angleterre; lorsque nous prenons en considération tous les sacrifices de bon sens et de raison qu'ils sont obligés de faire à la popularité, pour se maintenir au pouvoir, en s'appuyant sur les partis les plus nombreux et sur une majorité sans principes fixes; lorsque nous voyons que celui qui a soufflé le feu sur le continent

et protégé toutes les conspirations et toutes les intrigues révolutionnaires, est l'homme le plus populaire
en Angleterre et le membre le plus influent du cabinet actuel, nous avouons que, de ce côté, nos espé-
rances pour le maintien de la paix européenne se
réduisent à de minces proportions.

Passons maintenant à la politique de la France.

La vraie politique de la France, celle qui se fonde
sur ses intérêts bien entendus, n'est, par sa nature,
ni envahissante ni dangereuse pour les autres puissances du continent, avec lesquelles elle a une communauté d'intérêts pour la conservation de l'ordre social et de l'équilibre européen; elle ne peut le devenir
que par suite des révolutions intérieures, hostiles,
par leurs principes, à l'ordre social en général, comme
nous l'avons vu en 1793 et en 1848, ou bien par
l'effet de l'ambition personnelle d'un souverain conquérant, comme nous l'avons vu sous l'empire de
Napoléon Ier. Or, ce système d'envahissements et de
conquêtes a passé avec le règne du conquérant qui l'a
fondé. La France, rentrée dans son état normal et naturel, avec une population compacte et homogène de
36 millions d'habitants, avec un territoire bien arrondi,
traversé par de nombreuses communications fluviales
qui débouchent librement dans les trois mers dont
les côtes se trouvent en sa possession, est assez puissante pour n'avoir pas besoin de nouvelles conquêtes
et pour n'avoir rien à envier aux autres. Couverte au

midi par les Pyrénées, à l'ouest par les Vosges et les monts Jura, au nord par la neutralité de la Belgique (neutralité qui fait la base de l'existence politique de ce petit État); ayant sur pied une des plus belles armées, dont elle peut au besoin doubler l'effectif, et une marine imposante, la France, avec l'esprit militaire de ses populations, n'a rien à craindre de l'attaque d'aucun de ses voisins. Son industrie et son commerce peuvent se développer sans jalouser les progrès des autres pays, car ils ne visent pas au monopole et à la domination sur les marchés extérieurs. Son agriculture, les productions de son sol et le commerce intérieur, sont les principales bases de sa richesse nationale, et la conservation de l'ordre social à l'intérieur et de la paix sur le continent est une condition essentielle du développement graduel de ces éléments de puissance et de prospérité.

Placée dans ces conditions, la France a, comme nous l'avons déjà fait observer, une communauté d'intérêts avec les autres puissances du continent, et forme avec elles, pour ainsi dire, une famille européenne dont l'Angleterre n'est qu'un parent éloigné, d'une ligne collatérale, qui spécule sur les démêlés de la famille, en vue de quelque héritage.

Les maux que la révolution française a répandus sur le monde ont été funestes pour la France elle-même, plus encore que pour tout autre pays, et après les sanglantes expériences par lesquelles elle a passé,

elle est tout aussi intéressée que qui ce soit au maintien de la paix et de l'ordre social en Europe.

La conquête de la rive gauche du Rhin est sans
contredit un objet de convoitise pour la France, mais
ce n'est pas pour elle une de ces questions vitales,
une de ces causes péremptoires qui puisse devenir
le mobile d'une politique hostile et envahissante par
principe et par nécessité de position.

Après avoir arraché la France à l'anarchie, bien
téméraire serait l'homme l'État qui oserait, surtout
dans le temps où nous vivons, exposer ce pays à de
nouvelles convulsions politiques, en troublant la paix
chez les autres, compromettre les conquêtes rempor-
tées sur l'esprit de désordre et livrer aux chances
d'une guerre générale un bien positif et réel, acquis
après des luttes sanglantes, une existence politique
des plus belles et des plus assurées, uniquement pour
une cause de vanité nationale et par convoitise du
bien d'autrui.

Dans son propre intérêt et dans celui de l'Europe,
la place naturelle de la France est à côté des puissances du continent, dont les forces réunies sont le
plus solide rempart contre les attaques de la révolution qu'elle a eu tant de peine à vaincre chez elle,
et non à côté de celle qui a patroné les mouvements
révolutionnaires partout où ils se sont manifestés.

De toutes les ruptures, celle avec la Russie serait la
moins motivée et la plus impolitique au point de vue

des intérêts bien entendus de la France, surtout en ce qui concerne les garanties d'avenir et de puissance.

Une guerre de la France contre la Russie, avec laquelle elle n'a aucun contact, aucune collision d'intérêts réels et positifs, soutenue par une alliance contre nature avec sa rivale séculaire la plus dangereuse, serait une vraie monstruosité politique; et il fallait arriver aux temps de confusion où nous vivons, où toutes les idées de saine politique ont perdu leur empire, où tous les rôles sont intervertis, pour avoir à craindre une pareille éventualité, qui devient pourtant de plus en plus probable.

Puissance continentale et maritime en même temps, la France possède une marine des plus imposantes, et le développement de cette force maritime est un objet d'inquiétude et d'incessante jalousie pour une rivale, qui a de tout temps visé à la domination sur toutes les mers et qui est bien loin d'avoir abandonné ce but constant de sa politique qui devient au contraire pour elle, de plus en plus, une question vitale. La vapeur a produit dans la marine une révolution immense, qui peut neutraliser, dans bien des cas, la supériorité du nombre des vaisseaux, et qui tourne à l'avantage de la France. Avant l'application de la vapeur aux vaisseaux de guerre et l'invention du moteur à hélice, la grande supériorité de la marine anglaise consistait bien plus dans la précision de la manœuvre, et dans l'habileté de ses pilotes et de ses matelots (car l'Anglais est un marin né) que dans le nombre et la portée de ses bâtiments. Maintenant que la vapeur remplace de plus en plus la voile, ces avantages deviennent secondaires et, qui plus est, un débarquement en Angleterre, considéré comme une chimère du temps de Napoléon Ier, est entré dans l'ordre des choses très-praticables ; ce qu'on a si bien compris en Angleterre, que l'on s'en est déjà vivement préoccupé. Il est évident que cet accroissement relatif de la force maritime de la France, qui menace non-seulement la suprématie de la fière Albion, mais même sa sécurité chez elle, est pour celle-ci un sujet d'ombrage et de jalousie permanente, qu'elle peut comprimer, selon les circonstances du moment, mais qu'elle ne peut pas étouffer entièrement, car elle est dans la nature même des choses. Là où il y a des rivalités de cette nature, qui roulent sur des questions vitales, une alliance sincère et durable est impossible ; mais, dans la situation actuelle, cette alliance de circonstance peut durer assez longtemps pour entraîner l'Europe dans une guerre générale.

L'Angleterre ne manquerait certainement pas de saisir la première bonne occasion de porter un rude coup à la puissance maritime de la France, et, si elle ne peut pas détruire sa flotte pour se débarrasser d'une voisine aussi incommode, de paralyser au moins pour quelque temps son développement ultérieur. En attendant que cette occasion se présente (et l'histoire nous enseigne que la politique anglaise n'est pas scrupuleuse sur le choix des moyens pour provoquer ces occasions-là), elle serait bien aise de mettre la flotte française aux prises avec celle d'une autre puissance dont les forces maritimes ont déjà acquis une certaine importance. Ce serait pour elle un spectacle réjouissant que de voir les bâtiments russes et français s'entre-détruire au profit de sa suprématie et pour faire ses affaires en Orient ; mais est-ce la France qui y trouverait son compte ? Poser cette question c'est en même temps la résoudre.

Vis-à-vis d'une rivale qui a constamment en vue de dominer sur toutes les mers et qui est éminemment jalouse de toute force maritime qui grandit et se développe, la politique séculaire de la France est d'être l'alliée de la seule puissance qui possède une marine importante, dont elle n'a aucun motif d'être jalouse, et en même temps la protectrice née de tous les petits États qui ont une marine militaire quelconque et des côtes à défendre. En un mot, la France est, par sa position, le boulevard naturel de l'indépendance maritime du continent de l'Europe. C'est un beau rôle que la Providence lui a décerné, et il serait déplorable de le lui voir abandonner, pour s'engager dans une politique de circonstance qui pourrait avoir des suites funestes pour elle et pour les autres. Si l'autorité politique de la France n'avait pas été paralysée comme elle l'a été par l'anarchie dans laquelle la révolution de 1848 l'avait plongée, lord Palmerston n'aurait jamais osé agir envers la malheureuse Grèce comme il l'a fait dans l'affaire du juif Pacifico.

Comme cette malheureuse question d'Orient, qui agite le monde entier, a eu le triste privilége d'avoir entraîné la France dans une alliance contre nature et d'avoir fourvoyé sa politique, essayons de nous en expliquer les causes. Nous avons beau les chercher dans les intérêts de la France, au point de vue spécial de cette question, dans l'état où elle se trouve placée, nous ne les trouvons pas. La France a-t-elle à Constantinople, avec la Russie, de ces rivalités sur des questions vitales, qui ne peuvent être vidées que par la voie des armes? Non. Le commerce de la France en Orient est-il menacé par celui de la Russie? Non. Y a-t-il eu une lutte d'influence entre la Russie et la France qui pouvait dégénérer en hostilités? Nullement. Ces deux influences ne se sont jamais fait ombrage tant que la France était en paix avec la Russie, parce qu'il n'y avait pas d'éléments pour une collision d'intérêts. La seule question qui a surgi en dernier lieu d'une manière si malencontreuse, celle des lieux saints, n'avait pas, en elle-même, le caractère d'un conflit assez grave pour s'élever à la hauteur d'un différend sérieux entre la France et la Russie; aussi a-t-elle été bientôt réglée à la satisfaction des parties intéressées et de concert avec l'ambassadeur de France. Or, cette cause de conflit se trouvant écartée dès le début, il n'y avait plus, entre la France et la Russie aucun motif particulier de mésintelligence au sujet du différend turco-russe, rien enfin qui pût affecter directement ou indirectement les intérêts de la France.

Bien autrement se trouve posée la question entre l'Angleterre et la Russie. Là il y a des conflits d'intérêt et des rivalités sérieuses dont nous avons expliqué les causes. L'Angleterre veut à toute force dominer à Constantinople. Tout le monde connaît l'activité haineuse et infatigable de lord Redcliffe pour annuler l'influence de la Russie en Orient et pour lui substituer la sienne. Il a si bien réussi, par ses intrigues, à s'emparer du terrain, que lui seul dictait la loi à Constantinople, et que ses conseils étaient seuls écoutés par le divan. N'est-ce pas lui qui a fait repousser les justes réclamations de l'Autriche et de la Russie au sujet des réfugiés, après la guerre de la Hongrie?

Après avoir acquis cet ascendant à Constantinople, l'Angleterre ne veut pas se résigner à s'en dessaisir; elle ne veut pas tolérer que la Russie réussisse, soit par des négociations, soit par la voie des armes, à reprendre la juste part d'influence qui lui est due en sa qualité de puissance limitrophe, ayant à défendre, en Turquie, les intérêts religieux de ses coréligionnaires et la sécurité de son commerce dans la mer Noire. De là cette animosité de l'Angleterre contre la Russie, de là ce déluge d'injures et de grossières invectives dont les journaux de toutes les couleurs accablent cette puissance.

Si cette politique hostile et haineuse n'est pas justifiable aux yeux de la raison et de l'équité, elle est au moins explicable; mais la France qu'a-t-elle à y voir dans cette politique? Est-ce à elle de faire les affaires de l'Angleterre? Qu'a-t-elle à gagner? Que l'influence de l'Angleterre à Constantinople remplace celle de la Russie. Cette dernière lui a-t-elle jamais été hostile? A-t-elle jamais été aussi tracassière pour les autres que celle de lord Redcliffe? La Russie s'est-elle jamais ingérée dans les démêlés de la France ou des autres puissances avec la Turquie pour contrecarrer leurs démarches ou leurs justes réclamations? Et la question des lieux saints se trouvant réglée et mise hors de cause, les droits que la Russie revendique pour ses coréligionnaires ont-ils quelque chose d'empiétant ou de préjudiciable pour les autres communions chrétiennes? Bien certainement non. Il n'y a, par conséquent, aucun conflit sérieux entre la France et la Russie dans la question qui fait le fond du différend turco-russe. D'où vient donc cet empressement du cabinet des Tuileries à prendre contre la Russie l'initiative d'une politique démonstrative qui, en marchant de démonstration en démonstration, a abouti à l'impasse où l'Europe se trouve maintenant acculée entre la paix et la guerre; et quel est donc ce puissant motif qui a poussé la France vers une alliance anti-française, pour faire prévaloir une politique de circonstance qui n'a rien fait et ne pouvait rien faire pour empêcher la guerre entre la Russie et la Turquie; qui a, bien au contraire, contribué, comme nous allons bientôt le prouver, à la provoquer; qui a compromis la paix générale de l'Europe qu'elle prétendait vouloir consolider, et qui n'a eu, jusqu'à présent, d'autre résultat que celui de seconder les vues ambitieuses de l'égoïste politique anglaise ?

C'est sous l'emblème de l'intégrité de l'empire ottoman et de l'équilibre européen que cette monstrueuse alliance a été contractée.

Admettons d'abord, ce qui n'est nullement le cas, que la Russie eût effectivement eu en vue de porter atteinte à l'intégrité et à l'indépendance de la Turquie, et partant, à l'équilibre européen : était-ce la France qui devait être la première à s'en émouvoir et à se porter à des mesures comminatoires avant de faire la moindre tentative diplomatique pour s'éclairer sur les véritables intentions d'une puissance avec laquelle ses intérêts les plus importants la conviaient de vivre en paix et en bonne intelligence ? L'équilibre européen intéresse les autres États du continent tout aussi bien que la France, et, quant à l'intégrité de l'empire ottoman, il y a une puissance qui y est certes bien plus directement intéressée que la France. C'est si évident qu'on n'a pas même besoin de la

nommer. Aussi, dans toutes les guerres de la Russie
avec la Turquie, c'est l'Autriche qui s'est toujours
placée au premier rang, soit pour les empêcher par
des représentations et des remontrances, soit pour
en atténuer, par son attitude, les conséquences plus
ou moins probables. La France, hormis l'époque de
1806, où Napoléon était en guerre avec la Russie,
est toujours restée dans une attitude d'observation et
de médiation pacifique qui lui était naturelle, en se
réservant une entière liberté d'action selon les événements qui pouvaient survenir, et sans se lier les
mains par aucune alliance; car la France, lorsqu'elle
veut franchement agir pour le maintien de la paix,
est assez puissante par elle-même pour que sa voix
soit écoutée dans les conseils de l'Europe.

La question d'Orient ne pourrait affecter d'une
manière sérieuse les intérêts de la France, au point
de l'entraîner dans une guerre, que lorsqu'il s'agirait du démembrement de l'empire ottoman et d'un
agrandissement de territoire pour les autres puissances; et, dans ce cas si redoutable pour la paix de
l'Europe, la France a une rivale bien autrement dangereuse pour elle que la Russie, et c'est précisément
celle avec laquelle elle vient de se liguer.

Tant qu'il ne s'agit, comme à présent, que d'une
rivalité d'influence en Orient entre l'Angleterre et la
Russie, qui est le fond véritable de la question du
jour, la France n'a aucun motif de s'en mêler active-

ment, et si elle était obligée par les circonstances à y prendre part, il serait bien plus dans son intérêt d'empêcher la prépondérance et la suprématie de l'Angleterre en Orient que de faire des efforts et des sacrifices pour la seconder.

Or, comment se fait-il que dans les complications actuelles de la question d'Orient, la puissance qui y est le plus directement intéressée désarme et reste neutre, tandis que la France qui n'y est intéressée qu'en seconde ligne, et qui n'a à y débattre aucune question vitale pour elle, prend une attitude de plus en plus belliqueuse?

Ce phénomène politique s'explique, il nous semble, par des raisons très-simples :

L'Autriche désarme et reste neutre parce qu'elle sait, comme nous l'avons déjà dit, que la Russie n'en veut pas à l'intégrité de l'empire ottoman et n'a aucun projet de conquête; et, nous ne saurions trop le répéter, elle l'a prouvé par des faits, par la limite aussi restreinte que possible de ses démonstrations militaires. Est-ce avec un corps ds 40 ou 50,000 hommes, destiné à occuper les principautés et à défendre toute la ligne du Danube, et avec deux divisions placées entre Tiflis et la frontière turque, qu'on aurait eu l'intention de faire une guerre offensive, d'entreprendre la conquête de l'empire ottoman et de marcher sur Constantinople? Tranchons le mot, il faut être ou de mauvaise foi ou complétement aveuglé par la passion, pour admettre une pareille supposition.

Quant à la France, elle a pris une attitude belliqueuse et agressive, parce que sa vraie politique, sa politique traditionnelle, fondée sur ses intérêts bien entendus, et qui touchent de bien près à l'avenir de sa puissance, a été mise entièrement de côté et remplacée par une politique de circonstance, qui se caractérise par une certaine préoccupation et un certain empressement à faire prévaloir son influence.

Entraîné par cet empressement de faire intervenir la France dans le premier conflit qui s'est présenté, on n'a pas, il nous semble, pris suffisamment en considération que le rôle politique naturel d'une grande puissance n'implique pas la nécessité de se mêler de tous les différends entre les autres pays, uniquement pour faire valoir son importance, et que son intervention, plus ou moins active, dans les questions européennes doit se régler, non-seulement sur le degré des forces qu'elle peut déployer, mais aussi sur le degré d'importance de l'intérêt qu'elle peut avoir à y prendre part.

C'est cette tendance empressée à faire prévaloir l'autorité du cabinet actuel des Tuileries dans les conflits européens qui explique le brusque départ de la flotte française pour Salamine, ce premier signal de la politique démonstrative qui a amené les tristes complications vis-à-vis desquelles nous nous trouvons maintenant.

Des considérations de haute convenance et le désir d'écarter de cette analyse politique toute question personnelle, nous ayant empêché de pénétrer plus avant dans les motifs particuliers de cette politique de circonstance, nous essayerons au moins de signaler, en abrégé, ce qu'elle peut avoir d'erroné et les dangers qu'elle peut présenter.

Nous devons d'abord écarter une supposition qui nous semble complétement erronée, savoir que, par les démonstrations maritimes anglo-françaises, la Russie se laissera imposer une paix humiliante. Ces démonstrations, de même que toutes les opérations maritimes, n'empêcheront pas les Russes de continuer la guerre avec les Turcs, et probablement de les battre. Un empire de 66 millions d'habitants, avec une nombreuse armée qui a fait ses preuves dans toutes les occasions, ne manquant pas de pain pour nourrir ses soldats, ni de toile et de drap pour les vêtir, ni de cuir pour les chausser, ni de fer pour les armer, peut longtemps résister à la contrainte et se suffire par ses ressources intérieures. C'est donc à une guerre longue et opiniâtre que cette politique démonstrative peut aboutir. En soutenant cette guerre, qui exigera toujours de grands sacrifices, pour une cause dans laquelle aucun des intérêts importants de la France ne se trouve engagé, on s'expose vis-à-vis de ce pays à une grave responsabilité. Cette guerre ne peut pas à la longue rester populaire en France. L'excitation produite dans l'opinion publique, contre la Russie, par la presse officielle et semi-officielle, et par les parades et les vaudevilles de boulevards, est un feu de paille qui s'éteindra dans le cours des événements, car il n'est alimenté par aucune cause réelle. Tôt ou tard la raison reprendra son empire et la vérité se fera jour. Quand on aura prodigué les trésors de l'État, quand on aura paralysé la prospérité financière et industrielle du pays, arrêté des entreprises utiles et occasionné des banqueroutes, suite naturelle de la dépréciation des fonds publics; c'est alors qu'on reconnaîtra que cette guerre a été le fruit d'une politique de circonstance, contraire aux intérêts de la France et tournant uniquement au profit de l'Angleterre, et la réaction pourra être fatale à ceux qui l'auront provoquée.

Une seconde illusion, c'est celle de croire que la guerre entre la Russie d'un côté, et la Turquie, la France et l'Angleterre de l'autre, se restreindra dans le cercle qu'on veut lui tracer. Il est au contraire bien plus probable qu'une fois engagée, elle prendra des proportions de plus en plus grandes et dégénérera en guerre générale. Or, une guerre générale, la France ne pourrait la soutenir qu'en évoquant le démon de la révolution contre lequel elle est encore elle-même à se débattre, et en soulevant chez les autres les passions qu'elle s'évertue à étouffer chez elle. Ce double rôle serait-il soutenable? Nous ne sommes plus au temps du cardinal de Richelieu, qui protégeait et soulevait le parti protestant en Allemagne, pendant qu'il le persécutait en France. Le parti rouge de nos jours est bien plus dangereux pour tous les pays que le protestantisme en France au XVIIe siècle.

En tous cas c'est un glaive à deux tranchants qui peut, avant de faire du mal aux autres, blesser la main qui voudrait le manier.

Toute guerre, d'ailleurs, a ses chances, et le nouvel empire est-il assez consolidé pour supporter un échec en cas de revers? Et, en cas de succès, la gloire militaire de celui qui aurait commandé les armées victorieuses de la France ne pourrait-elle pas porter quelque atteinte à la popularité d'une nouvelle dynastie, sur un trône encore mal affermi, dans un pays où l'esprit public est toujours plus ou moins agité par les passions des partis politiques qui le divisent?

La France a salué le nouveau règne avec acclamation, car, après avoir vécu trois ans sous le régime de la terreur, entre la vie et la mort politique, elle était lasse d'anarchie et fatiguée de tant de désordres ; mais les Français oublient bien vite les maux qu'ils ont soufferts ; ils l'ont cent fois prouvé ; et après quelques instants de repos, les passions politiques se réveillent.

Une partie considérable du peuple est encore imbue des principes socialistes qui ont été propagés secrètement sous le régime de Louis-Philippe et prêchés ouvertement sous celui de la république, et les propagateurs de ces principes, quoique comprimés par des mesures répressives, n'ont pas abandonné leurs sourdes menées. La partie plus éclairée de la génération actuelle, habituée pendant 50 ans au régime représentatif, aux luttes de la tribune et au

bavardage parlementaire, compte encore de nombreux adhérents de ce régime, malgré tous ses incon-
vénients et malgré tous les maux qu'il a déversés sur
la France, en aboutissant, de conséquence en conséquence, à la catastrophe de 1848; ce parti, de même
que celui des républicains de bonne foi, ronge en
silence le frein qui lui a été imposé par le régime
actuel, mais il ne peut pas être compté parmi ses
partisans.

La fusion des légitimistes avec les orléanistes est
un événement sans importance, pour le moment,
mais qui peut avoir une grande portée dans des circonstances données. Tous ces partis peuvent relever
la tête à la suite d'une grande commotion politique.

Ce sont des éventualités qui méritent d'être prises
en considération, et, pour le bien de l'Europe entière,
nous voulons encore espérer que le gouvernement
français ne les perdra pas entièrement de vue.

Après avoir examiné séparément la politique de
l'Angleterre et celle de la France, autant que nous le
permettait le cadre restreint d'un opuscule de circonstance, jetons un coup d'œil rétrospectif sur l'action combinée de ces deux politiques dans la question
d'Orient.

Cette politique s'est proclamée être essentiellement
pacifique et ayant en vue d'empêcher la guerre de la
Russie avec la Turquie, ou, si elle éclatait, de la res-
treindre à l'Orient pour prévenir une guerre générale. Nous avons déjà vu comment elle a rempli la

première partie de cette tâche ; les événements vont
nous prouver comment elle s'acquittera de la seconde. Comme une guerre générale serait dans la
situation actuelle une grande calamité pour l'Europe
et pourrait avoir des conséquences incalculables, il
importe pour l'histoire de bien constater à qui devra
en être attribuée la cause.

On a jeté la pierre à la Russie pour avoir soulevé
cette malheureuse question d'Orient. C'est bien certainement un fait regrettable en lui-même, mais il
reste à savoir si la Russie, tout en ne voulant ni
guerre ni conquêtes, n'a pas été forcée par les intrigues qui ont été ourdies contre elle à Constantinople
aux démonstrations qu'elle a cru devoir faire vis-à-
vis de la Turquie. D'ailleurs, en fait de récrimina-
tions, on pourrait tout aussi bien reprocher à la
France d'avoir réveillé cette question au sujet des
lieux saints, ce qui était aussi bien malencontreux,
car c'est devenu le point de départ de toutes les complications ultérieures.

Nous ne reviendrons pas ici sur la polémique qui
s'était engagée, dans le temps, au sujet de l'*ultimatum*
du prince Menschikoff et de l'occupation des principautés ; ce ne serait qu'une répétition fastidieuse
pour nos lecteurs, de tout ce qui a été dit et redit de
part et d'autre sur ce sujet, et nous nous bornerons
à examiner l'intervention soi-disant pacifique des
deux puissances maritimes d'un côté, et l'attitude de
la Russie de l'autre, à partir du fait de l'occupation.

La Russie ayant déclaré qu'elle n'avait aucune intention de faire la guerre à la Turquie et que les
principautés seraient évacuées dès que les droits religieux qu'elle revendiquait pour ses coréligionnaires
recevraient la garantie nécessaire, et le fait même de
l'occupation n'ayant été déclaré ni par les puissances
intervenantes ni par la Porte elle-même comme un
casus belli, cette situation ne présentait encore aucun
danger réel pour le maintien de la paix de l'Europe.
Il s'agissait de concilier les intérêts et les droits de la
Turquie et de la Russie, sans qu'on eût besoin de
recourir aux armes, et la Russie ayant déclaré qu'elle
était prête à négocier en restant dans une attitude
strictement défensive, il fallait, avant tout, empêcher
la Turquie, dans l'intérêt de la paix européenne, de
commencer les hostilités. Or, voyons comment on
s'y est pris pour atteindre ce but.

Nous ne sommes pas du nombre de ceux qui ont
l'habitude de condamner, après coup, la politique de
tel ou tel État, en ne la jugeant que par ses résultats,
car, en politique, les plans les mieux combinés sont
souvent déroutés par les événements; mais il nous a
paru, dès le commencement, que dans cette question l'attitude des deux puissances maritimes était
bien plus propre à faire éclater la guerre entre la
Russie et la Turquie qu'à la prévenir, comme on
prétendait le vouloir.

D'abord, lorsqu'on s'érige en médiateur ou en ar-
bitre, on ne doit pas préjuger d'avance la cause, et

encore moins se montrer hostile en paroles et en actions vis-à-vis d'une des parties contendantes, et visiblement partial en faveur de l'autre; car c'est évidemment irriter un des adversaires et rendre l'autre moins traitable; c'est pourtant ainsi qu'ont procédé l'Angleterre et la France. On a commencé par des démonstrations menaçantes contre la Russie, ce qui n'était certes pas un moyen de rendre la Porte plus maniable.

L'occupation temporaire des principautés n'ayant pas été déclarée, ainsi que nous avons déjà eu l'occasion de le faire observer, comme un *casus belli*, et la Russie ayant articulé clairement que, de son côté, elle n'avait pas l'intention de faire la guerre à la Turquie ni d'empiéter sur son indépendance, quelle nécessité y avait-il d'envoyer les flottes à Besica-Bey? Y avait-il *periculum in mora?* Est-ce qu'on envahit l'empire ottoman avec un corps d'occupation de 40 ou 50,000 hommes? Est-ce qu'on arrive dans quelques semaines à Constantinople ?

Il est d'ailleurs important de constater que les deux flottes sont entrées à Besica-Bey trois jours avant l'expiration du terme fixé pour la réponse définitive de la Porte à l'ultimatum de la Russie, laquelle devait décider si l'occupation des principautés aurait effectivement lieu ou non.

Puisqu'on s'est cru obligé d'intervenir, le cas échéant, dans ce conflit, soi-disant dans l'intérêt de l'équilibre européen, est-ce que, même la guerre écla-

tant, les flottes n'auraient pas toujours eu le temps
d'arriver dans les Dardanelles, pour couvrir la capitale de l'empire ottoman, bien avant que les Russes
pussent, avec une grande armée, franchir le Danube
et forcer les défilés du Balkan, en supposant à leurs
armes tous les succès possibles? Il est évident que
cette mesure était au moins prématurée, et que l'en-
voi des flottes à Besica-Bey, comme leur entrée dans
les Dardanelles, n'étaient que des démonstrations
gratuitement provocatrices et hostiles envers la Russie, et ne pouvaient pas manquer d'encourager et de
fortifier à Constantinople le parti fanatique qui pous-
sait à la guerre.

Encore faut-il prendre en considération en pré-
sence de quelles circonstances la seconde de ces
démonstrations a eu lieu.

La Russie accepte, sans modification, la note proposée par la conférence de Vienne, en déclarant qu'elle
ne se considère comme liée par cette acceptation qu'à
condition que la Porte l'accepte de même sans y rien
changer. La Porte y introduit des modifications qui
la rendent inacceptable. C'est donc de la part de la
Turquie que viennent les difficultés. La Russie, tout
en repoussant les modifications proposées par la Porte
Ottomane, ne rétracte pas sa première acceptation de
la note de Vienne, bien qu'elle en eût le droit, puis-
que cette acceptation n'était que conditionnelle. Elle
réitère, à Olmütz, la déclaration qu'elle est toujours
prête à négocier sur une base acceptable, qu'elle ne

veut pas la guerre et qu'elle reste dans sa position
défensive. Elle va plus loin : comme il s'était élevé
des difficultés au sujet de l'interprétation de la note
proposée par la conférence, elle consent à quelques
modifications qu'elle croit être propres à tranquilli-
ser les susceptibilités de la Porte, et c'est à cette con-
cession qu'on répond par l'entrée des flottes dans les
Dardanelles.

Est-ce ainsi, nous le demandons à tout homme de
bon sens et de bonne foi, que l'on agit lorsqu'on veut
sincèrement une paix honorable pour toutes les parties intéressées ?

Enfin la guerre éclate, parce que tout en prêchant
la paix, on a fait tout ce qu'il fallait pour encourager
les Turcs à commencer les hostilités, en leur faisant
entrevoir qu'on les seconderait au besoin par la voie
des armes. On se bat sur le Danube, on se bat en
Asie. En attendant on poursuit la voie des négociations. Les flottes restent dans les Dardanelles, tant
qu'on croit que les chances peuvent tourner en faveur
de la Turquie ; on célèbre leurs prétendus triomphes,
et l'on signe à Vienne un protocole pour une démar-
che collective qui doit amener, d'abord un armistice,
puis une négociation pour la conclusion d'un traité
de paix entre la Russie et la Turquie, sous la médiation des quatre puissances.

Entre temps les troupes d'Omer-Pacha ont repassé
le Danube, et peu après arrive la nouvelle de la défaite des deux corps d'armée turcs en Asie et de la

catastrophe de Sinope. Tous les hommes sensés et
amis sincères de la paix s'en réjouissent, car ils y
voient, avec raison, une défaite et un motif de décou-
ragement pour le parti fanatique à Constantinople
qui avait poussé à la guerre, et un moment très-favo-
rable pour une médiation pacifique; mais les deux
puissances maritimes s'en émeuvent. C'est surtout
l'orgueil britannique qui s'en trouve irrité, lui,
si fier de sa domination sur mer qu'il prétend n'a-
voir qu'à froncer les sourcils pour voir s'incliner
devant lui tous les autres pavillons. On s'indigne,
comme nous l'avons déjà fait observer, de ce que la
Russie se trouvant en pleine guerre avec la Turquie et
attaquée par elle en Europe et en Asie, se soit permis
de brûler une escadre ennemie qui était destinée, de
l'aveu même des organes ministériels de la presse anglaise, à faire un débarquement sur le territoire russe
en Asie, et à fournir des munitions de guerre aux
montagnards du Caucase. Par cette ridicule indignation, on prouve au monde qu'on avait à Londres et à
Paris l'absurde prétention de réduire la Russie à une
timide défensive qui oserait tout au plus repousser les
attaques de l'ennemi, sans le gêner le moins du monde
dans tout ce qu'il entreprendrait pour lui faire du mal.

Cela choque le bon sens, et pourtant c'est là le prétendu grief contre la Russie qu'on met officiellement
en avant pour motiver une·nouvelle démonstration
plus provocatrice encore que celles qui l'avaient précédée, et l'encre du protocole de Vienne n'était pas

encore séchée, lorsqu'on donna l'ordre aux deux
flottes d'entrer dans la mer Noire. Y a-t-il, nous le demandons à tout juge impartial, dans cette manière
d'agir, de la bonne foi et de la justice? Peut-on admettre que le désir de maintenir la paix qu'on affiche
devant l'Europe soit sincère, lorsqu'on pousse à bout
une des parties belligérantes par des provocations
sans motif, qu'on blesse par tous les moyens l'amour-
propre national d'un grand peuple, et qu'on met la
Russie presque dans l'impossibilité de faire une con-
cession honorable sans avoir l'air de céder à la peur
et à la menace?

Que peut-on attendre de pareils négociateurs qui
négocient le pistolet sur la gorge, et d'une négociation poursuivie sous de pareils auspices?

On ne se dissimule probablement pas à Londres et
à Paris toutes les chances de la guerre et les sacrifices
qu'elle peut coûter, et il est possible qu'on voudrait encore l'éviter, mais en même temps il est évident qu'on
ne veut la paix qu'à la condition qu'elle serait humiliante
pour la Russie. Telles sont au moins les intentions mani-
festes de la part de l'Angleterre, qui veut avant tout,
comme nous avons eu maintes occasions de nous en
convaincre, annuler pour toujours l'influence de la
Russie en Orient, afin de lui substituer la sienne. Or
ce but est incompatible avec le maintien de la paix, car
on ne peut l'atteindre sans s'engager dans une guerre
longue et opiniâtre; et la puissance qui le poursuit,
qui veut à tout prix annuler le rôle de la Russie dans

les affaires d'Orient, qui veut détruire son influence à Constantinople, influence qui lui revient de droit en sa qualité d'Etat limitrophe ayant des intérêts de premier ordre à y défendre, influence enfin qui est dans la force des choses et qui repose sur les rapports naturels des deux empires; cette puissance-là, disons-nous, ne veut pas la paix; elle veut la guerre, et toutes ses protestations pacifiques ne sont que de l'hypocrisie.

La dernière démonstration provocatrice n'est pas une mesure de précaution, car elle n'était nullement nécessaire. En occupant les Dardanelles avec trois flottes réunies, n'était-on pas déjà suffisamment maître du terrain pour parer à toutes les éventualités, dans le cas où la Russie voudrait effectivement, comme on lui en prête l'intention, abuser de ses victoires? C'est une démonstration de l'amour-propre blessé, qu'on a gratuitement compromis en l'engageant imprudemment dans une fausse voie, parce qu'on s'était imaginé obtenir tout de la Russie par l'intimidation.

RÉSUMÉ ET CONCLUSION.

Ainsi on a prétendu vouloir empêcher la guerre entre la Russie et la Turquie, et on l'a fait éclater.

On a voulu protéger l'intégrité et l'indépendance de l'empire ottoman, et toute l'existence de cet empire se trouve maintenant plus que jamais compromise; car, abstraction faite des efforts convulsifs qui lui donnent maintenant une certaine apparence de vigueur, il n'a pas assez de ressources ni assez de forces vitales pour résister à un choc sérieux et à une lutte longue et opiniâtre, qu'il serait obligé de soutenir sur terre, indépendamment de toutes les démonstrations maritimes de l'Angleterre et de la France.

On a prétendu vouloir assurer la paix européenne, et jamais cette paix n'a couru de si grands dangers que dans ce moment. Elle ne tient qu'à un fil, car en admettant même, ce qui n'est nullement vraisemblable, que la guerre entre la Russie d'un côté, la Turquie, la France et l'Angleterre de l'autre, n'affecte pas le repos des autres États du continent, la chute de l'empire ottoman serait une des suites les plus probables de cette violente commotion, dans laquelle alors toute l'Europe serait entraînée.

En attendant, nous voyons les intérêts de l'ambition britannique et ceux de la propagande révolutionnaire, ces deux fléaux du continent, fraterniser et se donner la main pour bouleverser le monde; sinistres présages de grandes catastrophes, dont l'aspect seul pèse comme un cauchemar sur l'Europe menacée dans tous ses intérêts.

Tels sont les tristes résultats de cette alliance anglo-française, cimentée sous l'emblème de la paix et de la concorde.

Écrit au commencement de janvier 1854.

www.ingramcontent.com/pod-product-compliance
Lightning Source LLC
Chambersburg PA
CBHW070909280326
41934CB00008B/1649